Chat de sagesse

Carnet hygge

Anne-Solange TARDY
Marie BRETIN

SOLAR ÉDITIONS

" Il suffit de croiser son regard avec celui d'un chat pour mesurer la profondeur des énigmes que chaque paillette de ses yeux pose aux braves humains que nous sommes. "

Jacques Laurent

À Malo, mon chat

Si vous avez déjà vécu avec l'un d'entre eux, vous n'ignorez pas à quel point la phrase de Cocteau, « Petit à petit, les chats deviennent l'âme de la maison », est juste. Peut-être avez-vous pressenti, vous aussi, l'enseignement immense que l'on peut tirer de ces êtres mystérieux et doux, moins indifférents qu'ils ne veulent le laisser croire.

Calme, adorateur d'espaces douillets et de bras accueillants, bien plus sociable qu'il n'y paraît, le chat est l'ambassadeur même du hygge, cet art de vivre des Danois, souvent distingués comme le peuple le plus heureux du monde. Personne mieux que le chat ne représente cet art de vivre fait de convivialité, de douceur et de longues soirées d'hiver où l'on se retrouve chez soi, en famille ou entre amis autour d'un bon feu.

Hippolyte Taine écrivait : « J'ai beaucoup étudié les philosophes et les chats. La sagesse des chats est infiniment supérieure. » N'avez-vous jamais pressenti, vous aussi, les mystères qui semblent se tapir au fond des yeux d'un chat ? Ne vous êtes-vous jamais demandé : et si les chats, au fond, avaient tout compris à la vie ? Et s'il suffisait de les observer et de les comprendre pour pouvoir, nous aussi, accéder à cette tranquille félicité, l'apanage de ces êtres dont le plus grand but, dans la vie, semble être de se prélasser adorablement dans les petits recoins de nos maisons ? Et dont la sagesse se transmet – impalpable trésor – à ceux qui prennent le temps de les observer ? Une sagesse universelle qui se passe de mots mais exige une attention extrême, calme, presque recueillie.

Jour après jour, ces pages vous invitent à vous mettre dans la peau d'un chat afin de prendre toute la mesure de l'enseignement dont, par sa seule présence, il nous fait cadeau. Sage entre les sages, le chat nous guide avec

malice et impertinence vers une meilleure connaissance de nous-même.
Ce livre a été écrit à deux mains et deux pattes, pour ainsi dire : avec l'aide et le regard interrogateur, rieur, quelquefois agacé de Malo, mon chat, qui, au moment où j'écris ces lignes, se prélasse en travers du clavier de l'ordinateur, espérant obtenir de moi une attention plus soutenue sur sa petite personne. Voilà dix ans que je l'observe, et je ne saurais dire tout ce que sa ravissante présence m'a appris, ni à quel point son comportement m'inspire face aux petits événements du quotidien.
Tous deux, nous vous souhaitons de découvrir le chat qui vit en vous !

Moi chat je suis…

Je suis complètement moi, toujours, totalement.
Dans chacun de mes gestes, chacune de mes respirations.

Tout mon être s'accorde :
pattes, oreilles, fourrure, moustaches,
griffes… chaque parcelle de mon être participe
à ce tout harmonieux et complet.

Je suis un être entier.

ET MA PEAU, À MOI ?

Lorsque je suis heureux, ma peau est ...

detendu

Quand j'ai la chair de poule, je ...

Apeure

Lorsque je rosis,
c'est que ...
je suis
content

Ma fourrure

Elle est mon vêtement,
mon autre peau.

Ma fourrure me protège du monde extérieur,
mais pas seulement : tout comme le vêtement,
elle me permet de communiquer avec lui.
Elle vibre sous la caresse,
reluit lorsque je suis en bonne santé,
s'étoffe si j'ai peur,
se gonfle si je veux impressionner,
ou frémit de plaisir.

Ronronnements

Moi, chat, mon ronronnement peut avoir
de multiples causes, mais il survient le plus
souvent lors d'un moment de contentement.
Parfois même de béatitude.
Lové dans un lieu confortable, je ferme les yeux.
J'écoute les signes de mon corps,
là où se déploie mon bien-être :
la chaleur, le contact d'un tissu moelleux,
la douceur du moment, le silence…
Je suis au contact de ce moment particulier et,
les yeux clos, je cherche en moi cette vibration.
Je cherche mon ronronnement.

JE TROUVE MON RONRONNEMENT

Ici, j'écris mon ronronnement :
ce que je ressens, la manière dont mon corps
exprime ce contentement particulier,
ce moment de bien-être total...

Quand je carresse mon chat
et quil ronronne je suis
détendut je suis comme
sur un nuage de
tendresse et de bonne
humeur

HYGGE

Mon mantra pour le bien-être

Je suis la douceur même, pelotonné au
coin du feu les soirs d'hiver.
Je baigne le foyer de ma présence apaisante.
Je me joins aux festivités lorsqu'il y a des
amis, en quête d'un morceau de jambon, d'une
caresse à donner ou bien à recevoir.
Je suis là, avec vous.
Tout près.
Tout contre.

Moi, chat,
je suis le petit ambassadeur du bien-être.

Ce que les Danois appellent « hygge »
et qui désigne le plaisir de vivre chez soi,
de créer ensemble ces moments de convivialité,
de joie, qui rendent la vie si douce.

Mes 7 POSTURES favorites

1

Je marche tranquillement, à pas feutrés.
Je me fonds dans l'espace. Silencieusement,
je disparais presque tant je suis calme,
et pourtant je suis là, j'observe.

2

Je me roule en boule, chacun de mes muscles est
totalement détendu. Je savoure le confort.
Je recherche la position la plus confortable pour moi.
Je prends le temps de me blottir ou de m'étendre :
comment mon corps se sent-il le plus heureux ?

3

Je suis assis et je regarde avec attention ce
qu'il se déroule sous mes yeux, entièrement
absorbé par ce que je vois. Je suis le spectateur
silencieux de ce moment. Je n'analyse ni ne
scrute, simplement présent. Attentif. Témoin.

4

Je me pelotonne dans les bras de quelqu'un en qui j'ai toute confiance et je m'abandonne. Plus rien n'existe en dehors de nous deux. Je suis protégé, je me laisse aller totalement.

5

Je suis aux aguets. Tous mes sens sont en éveil et aucun détail n'échappe à ma vigilance. Je suis pleinement éveillé, prêt à me manifester au moment le plus opportun.

6

Je tourne le dos. Lorsque ce n'est pas le moment pour moi, je sais m'éloigner, dire non. Avec ma douceur habituelle d'abord, puis plus froidement, si l'on essaie d'envahir un espace que, pour l'instant, je ne désire pas partager.

7

Je m'étire. Longuement. Tout mon corps s'arc-boute en une lente gymnastique, destinée simplement à goûter le plaisir de ressentir et d'apaiser chaque muscle. Je n'ai nul besoin d'avoir mal ou d'éprouver de la fatigue pour m'offrir un moment de détente.

LA chorégraphie de mes JOURS

Je suis un être d'habitudes.
J'aime que les journées, dans une certaine mesure, se ressemblent. Ma vie est rythmée par une multitude d'événements récurrents, presque répétitifs, et cela m'empêche-t-il d'être un aventurier ?
Pas du tout !
Les habitudes me donnent un rythme, elles sont la chorégraphie de mes jours.

MES HABITUDES AU QUOTIDIEN

Celles qui me font du bien :

m'habiller

prendre une douche

me maquiller

faire du shopping

Celles que je voudrais changer :

Me réveiller

Me coucher tôt

L'OBSERVATOIRE du CHAT

Parce que je suis chat,
je consacre de longues heures
à regarder, simplement.
Qui peut dire les émotions, les pensées qui me
traversent lorsque, fixement, je regarde ?
Rien ne m'échappe.
Je suis vigilant et tranquille.
Parfois, il me semble même
que je peux voir au-delà des choses.
Traverser la membrane des apparences,
embrasser l'essence de ce qui vit autour de moi.
Mon regard est calme et perçant.
Je suis à l'écoute des mystères.

douche

dort

observe

Je choisis un moment et je me donne le temps de l'observer doublement. Scène de la journée au travail, instant en famille, moment de solitude, peu importe : je prends le temps de me placer en observateur et j'écris ici les mots qui décrivent le mieux ce que j'ai pu voir, ce qui m'est habituellement inaccessible.

mange

ronronne

carresse

clignement

Se prélasser

À quand remonte la dernière fois
où je me suis prélassé ?

Se laisser aller entièrement à la détente
afin que chaque tension, jusqu'à la
plus infime d'entre elles,
quitte mon corps.

Aujourd'hui,
je goûte le plaisir
de l'abandon.

L'ART du sommeil

Je suis le chat, je dors.
Je dors infiniment.
Je sais le repos.
Le calme.
Le silence.
La place des rêves.

Je choisis de m'accorder davantage de repos.
Un temps de sommeil plus long.
Une vraie sieste, si j'en ressens le besoin.
Je ralentis le rythme.

DORMIR

Je note ici cinq choses que je peux faire pour améliorer la qualité de mon sommeil, me donner davantage de repos et plus de moments de calme.

1 éviter le stress

2 Plus de jeux avec mon chats

3 l'organisation

4

5

JE M'ÉTIRE

Je vis pleinement dans mon corps.
Je l'écoute, car je SUIS mon corps.
Avant de me lever chaque matin,
je prends quelques minutes pour lui laisser
le temps à lui aussi de s'éveiller.

Je le déploie.
Tranquillement.
Je m'étire.
Lentement.

Et m'éveille à la vie.

ICI,

je raconte

MON RITUEL D'ÉVEIL :

1) Je geule contre mes parents de m'avoir reiveiller
2) Je me lève
3) Je m'habille petit
4) Je prend mon déjeuner
5) Je me maquille brosse les dents

La part DU CHAT

Je sais reconnaître la meilleure place
dans la maison, le coin le plus douillet,
le plus tendre. Et je sais la prendre.

Sans angoisse, sans remords, sans culpabilité.
Parce que je sais que ma place préférée
n'est pas LA place préférée.

Mes besoins, mes aspirations, sont uniques.
Et si je ne me soucie pas de les écouter, qui le fera ?
Si je ne me donne pas la première place, qui le fera ?

Aujourd'hui, je me choisis.
Je choisis de me tailler la part du chat.

Ici, je dessine

mon endroit préféré :

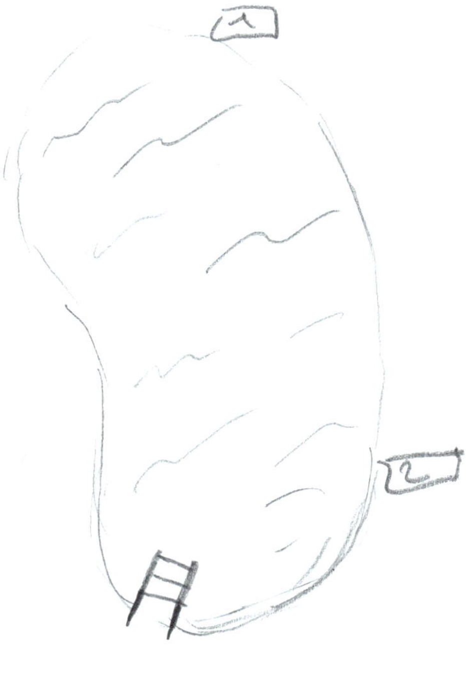

Je CHOISIS ce qu'il y a DE MIEUX pour MOI

Je suis à l'écoute de ce que demandent
mon corps et mon esprit.
Mon instinct sait toujours me guider vers ce
qui est le meilleur pour moi, maintenant.
Qui mieux que moi sait vivre le moment présent ?
Le mieux pour moi, ce n'est rien d'autre que
cela : répondre à ce que mon être réclame.
De la nourriture ?
Je me dirige tranquillement vers quelque
friandise à croquer. Ni trop ni trop peu.
Du repos ?
Je sais choisir le lieu idéal pour cela.
Dépenser mon énergie ?
Je me prends à courir comme un fou.

Je suis simplement à l'écoute.

Mes préférences

Je suis chat.
J'ai mes préférences.
J'aime me lover dans de la douceur.
Je choisis la rugosité pour faire mes griffes.
Je préfère la tiédeur d'un rayon
de soleil pour m'assoupir.

Je sais ce qui est bon
pour moi et je me l'offre,
le plus naturellement du monde.

JE DÉVELOPPE MES SENSATIONS

Je colle ici les matériaux
qui me font du bien.

La douceur du coton…
La chaleur d'une laine naturelle…
La délicatesse d'un voile…

Soie

coton

lain

duvet

Je ne suis pas INDIFFÉRENT j'ai simplement BESOIN d'espace

Parfois, je semble un peu distant.
Je me tiens à l'écart.
Quelquefois, je ne laisse personne m'approcher.
J'ai besoin de me tenir en moi-même, simplement.
Ce n'est pas de la vraie solitude, ni de l'indifférence.
J'ai besoin de présences autour de
moi, et de bienveillance.
J'ai simplement besoin d'espace.

Mon jardin SECRET

Je me dérobe aux regards.
Il m'arrive d'avoir besoin de solitude,
d'être en retrait pour mieux faire partie du monde.
J'observe de loin. J'ai besoin d'être spectateur
silencieux de tout ce qui s'agite autour de moi.
C'est mon jardin secret. Il n'appartient qu'à
moi, et nul autre que moi ne peut y accéder.
Il est mon espace de repos, la retraite où je
me glisse chaque fois que j'éprouve le besoin
de refaire connaissance avec moi-même…

Où est mon jardin secret ?
À quoi ressemble-t-il ?

Le centre DE MON monde

Mon monde est à la fois
très vaste et tout petit.
Il me satisfait pleinement
et je ne l'imagine pas autrement.
Chacun de nous vit dans son propre monde,
unique, modelé par le regard qu'il porte sur lui
et sa manière de le ressentir, presque incommunicable.
Je suis le centre de mon monde,
tout comme chaque vie est au cœur de son propre monde.
J'ai le droit d'être le centre du monde.
Toi aussi, tu as ce droit.

À quoi ressemble-t-il, ton monde ?

J'IMAGINE MON MONDE

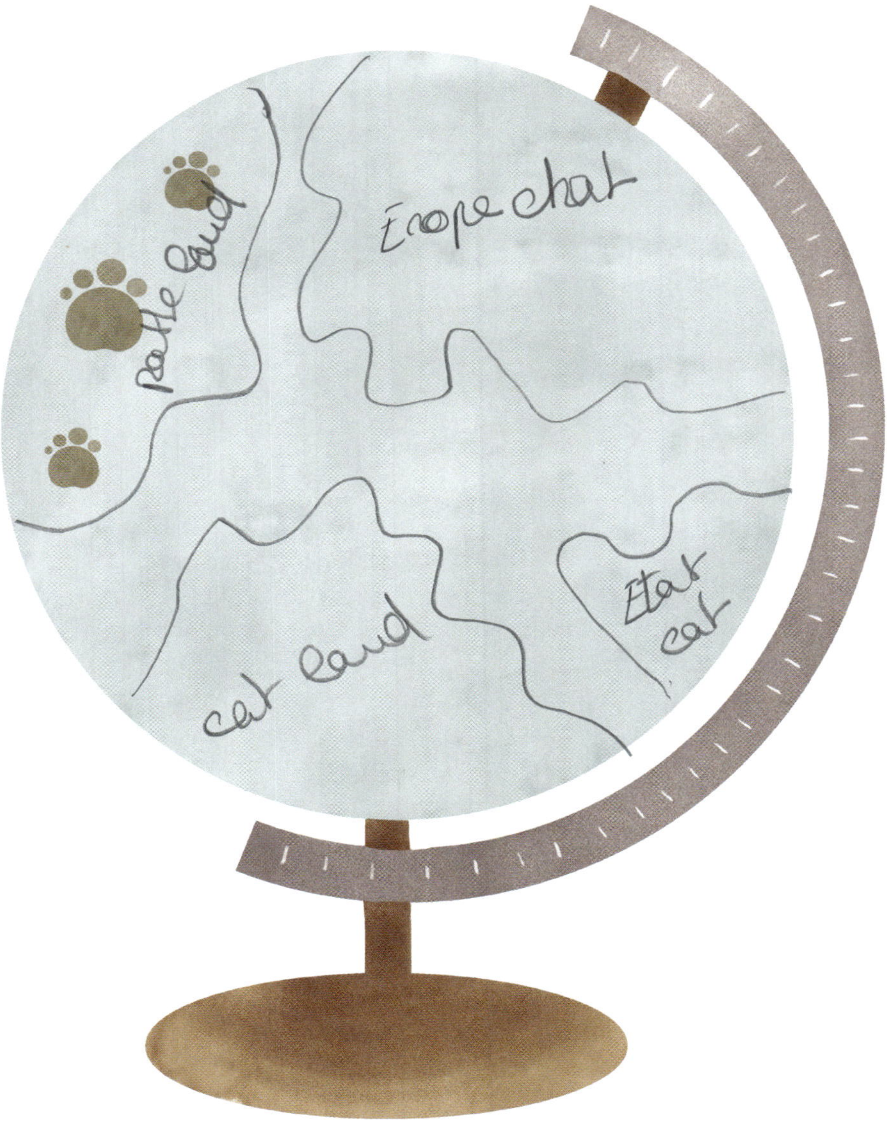

Ma part D'ENFANCE

Moi, chat,
j'ai su garder une part d'enfance.
Je joue sans cesse, m'amuse de trois fois rien :
une ficelle, un crayon, les pieds sous la table…
Je suis un éternel enfant.
J'aime qu'on prenne soin de moi,
endormi dans des bras apaisants et aimants.
Mon enfant intérieur est ma part
vulnérable et insouciante.

JE COLLE ICI UNE PHOTO DE MOI ENFANT,
ET JE PRENDS CONSCIENCE QUE CET ENFANT
EST TOUJOURS LÀ, EN MOI.

*À travers cette image,
je peux entrer en contact avec lui,
écouter ce qu'il souhaite me dire.*

Joue avec MOI

Mon instinct sait que jouer est vital.

La joie est à mon esprit ce que
l'oxygène est à mes poumons.
Jouer est une libération.

Mais pas seulement : c'est aussi un lieu d'apprentissage,
de compréhension du monde et de dépassement de soi.
Dans le jeu, je rencontre l'enthousiasme, l'envie
de croquer la vie, le lien avec les autres.
Jouer est une manière d'être au monde.
Insouciante et entière.

**Je ne suis jamais aussi pleinement
moi que lorsque je m'amuse.**

**LORSQUE JE JOUE,
JE SUIS PLEINEMENT MOI-MÊME.**

J'écris ici les moments pendant lesquels je joue et je note ce que le jeu apporte dans ma vie : comment cela transforme mon humeur et la perception de ce qui m'entoure.

soir, matin, aprèm

du bien

Je dors

Comme le chat,
je plonge dans le sommeil de tout mon corps.
Je cherche la position la plus confortable,
le meilleur endroit de la maison.
Je choisis soigneusement mon rayon de soleil.
Je ne dors que d'un œil,
l'esprit entre le rêve et la réalité,
prêt à revenir à l'action à tout instant,
et entièrement préoccupé de mon bien-être.

Je me consacre
à un moment
d'abandon total.

L'ART du manger CHAT

Je me nourris de ce dont j'ai besoin, c'est tout.
Plusieurs fois dans la journée,
je mange ce qu'il me faut.
Je ne suis jamais lourd.
Je ne m'inquiète pas de savoir
si j'aurai à manger plus tard,
je ne fais aucune provision car j'ai confiance.
Je ne me soucie que de mon appétit maintenant.
Je ne sais même pas s'il existe
un « plus tard ».

AUJOURD'HUI, JE MANGE COMME UN CHAT.

Je pose ma fourchette dès que la plus petite sensation de satiété se fait sentir. Je fais plusieurs petits repas : en-cas le matin, goûter l'après-midi… Aujourd'hui, je me concentre sur la juste mesure et je note mes sensations.

C'est facile	C'est difficile
eau eaut	pater croquette friandise

MOOD

J'ENTOURE TOUTES CELLES
DANS LESQUELLES JE ME RECONNAIS.

JOYEUX

TRISTE

ATTENTIF

CHARMEUR

FURIEUX

FATIGUÉ

ÉTONNÉ

Mon quart d'heure de folie

Parfois, une vague d'énergie m'envahit,
j'ai besoin de courir en tous sens, de faire
le fou. Je bondis comme un diable,
me lance dans une chasse imaginaire…
C'est merveilleux de me l'autoriser,
car tout cela fait partie de moi.
Cette énergie déborde et elle est bonne.
Je la laisse m'envahir,
prendre possession de moi, me bousculer.

**J'accepte totalement ma part
de folie douce.**

Ces moments de folie qui me font du bien…

Un fou rire
Une course effrénée dans les bois
Danser devant ma glace en chantant à tue-tête
Crier… Crier… **CRIER** !

Jouer à CHAT

Aucun chat ne joue à chat
de la même manière.
Je définis mes propres règles.
Chaque jour, j'invente ou
je réinvente le jeu
que je choisis de jouer.

Quelles seraient les règles ?

Pas de bagare

CHASSER POUR LE *plaisir*

Je chasse.
Un papillon, un oiseau,
une plume, une feuille, un bouchon,
un petit objet suspendu à un fil…
mon instinct me dit que le nécessaire
et le divertissement sont liés.
Je chasse et je joue avec le même sérieux.
Je suis aussi enthousiaste devant la souris
que devant le bouchon, car l'un et l'autre
sont une opportunité de me sentir vivant.

Et moi, dans quelles circonstances puis-je sentir, par mon enthousiasme, que je suis vivant ? À quel moment mon travail devient-il un jeu ?

FLEXIBLE

Mon habitat naturel est fait de vastes territoires,
de multiples opportunités de chasser,
de cachettes, de lieux connus de moi seul,
de dangers et de rivaux.

Pourtant, je suis heureux dans la maison,
car je sais m'adapter :
jouer à pourchasser une balle,
recréer mon territoire,
m'attribuer certains espaces,
trouver les lieux où l'on ne pensera pas
à me chercher si j'ai besoin de calme.

Je sais que s'adapter,
c'est conquérir.

Aujourd'hui, je fais preuve de souplesse.
Je regarde comment trouver ma
fluidité dans les contraintes.
Je ne force pas les situations, au contraire :
je me coule dans le cadre
et je le fais mien.

Un fin GOÛTEUR

Je suis un fin goûteur.
En réalité, je préfère me passer
de manger plutôt que de me contenter
d'un mets que je n'apprécie pas,
et je suis prêt à entamer une grève de la faim
pour obtenir ce délicat pâté
qui flatte mes papilles.

D'instinct,
je sais ce qui est bon pour moi.

Je peux me faire confiance.

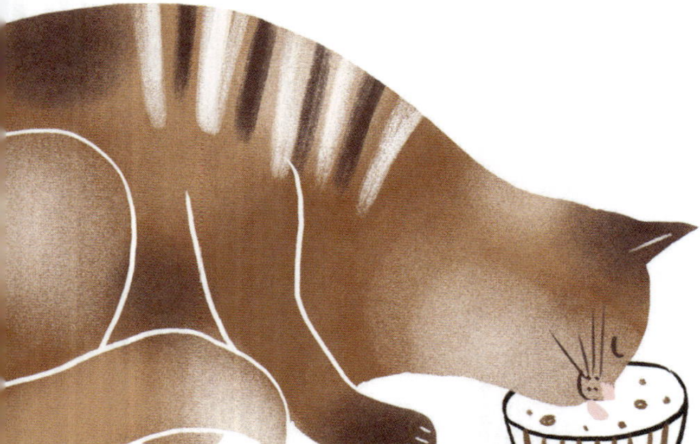

Aujourd'hui, j'écoute mon instinct.
Au fond, je sais très bien ce qui est bon pour moi.
Mon corps sait me dire si j'ai besoin
d'eau, de légumes ou de pain.
Comme le chat, j'accorde toute mon
attention à ce que me dit
mon corps.

Daily ROUTINE

J'ai besoin de mes habitudes.
Ces moments un peu à part,
au cours de ma journée ou de ma semaine,
ancrés dans ma vie comme des étapes, des pauses.
Ces moments où je recharge mes batteries.
Mes rituels sont mes balises :
ils m'aident à avancer dans le chemin
que je me suis choisi,
ils sont un de mes ancrages au monde.
Voilà pourquoi je leur accorde toute
la place qu'ils méritent.

LES ÉTAPES CLÉS DE MON RITUEL BIEN-ÊTRE

Je me désabille et
prend ma douche

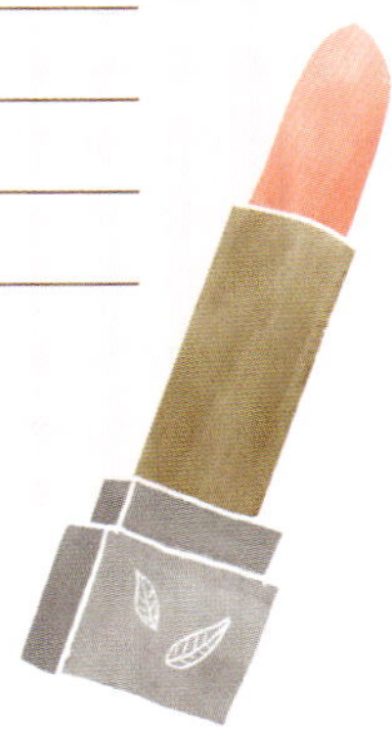

Un BRIN de toilette

Je sais joindre l’utile à l’agréable.
Faire ma toilette est un vrai moment de bien-être.
Je ne me lasse pas de m’étriller,
de me chouchouter, de me laver.
Chaque petit recoin de mon corps est soigné,
aimé, choyé dans cet acte si anodin
qu’est la toilette.

Nul besoin d’y consacrer beaucoup de temps : l’important, c’est d’y concentrer tout son être.

SOUS LA DOUCHE…

Tout comme le chat,
je prends le temps d'apprécier ce
moment intime et bienfaisant.
Sous la douche, je ferme les yeux,
simplement attentif à l'eau qui
glisse le long de mon corps.
Sa chaleur m'enveloppe.
Sa fraîcheur me réveille.
Le parfum du savon diffuse une délicieuse
odeur de neuf autour de moi,
comme pour célébrer cette nouvelle
journée qui me tend les bras.
Je suis en tête à tête avec moi-même,
un moment idéal pour me rassembler
avant de me jeter,
confiant et pleinement éveillé,
dans la vie.

Se pelotonner

Tu sais,
c'est bon de se lover contre quelqu'un,
de se pelotonner.

J'aime quand on est ensemble
dans la tendresse et le silence,
quand on s'endort sous la couette
et qu'on se réchauffe.

Donne-toi du temps pour te pelotonner
contre ceux que tu aimes.
Regarder ensemble un coucher de soleil,
ou alors faire la sieste.
Ou rien, simplement être là,
les uns contre les autres.

Je colle ici la vue
que j'ai le plus de plaisir
à contempler.

Offre-toi la CONTEMPLATION

Tu te demandes peut-être
ce que je peux regarder ainsi,
fixement, depuis de longues minutes…

C'est parce que tu crois
qu'il est nécessaire d'avoir quelque chose
d'important à regarder pour lui accorder de ton temps.
Mais toute chose est digne d'être observée.
Quand tu crois que je ne regarde rien,
c'est parce que, au contraire, je regarde tout.
Mon regard est sans limite,
sans barrière.
Il traverse les murs.

Offre-toi la contemplation chaque fois
que tu as besoin de comprendre le monde…

CHAT beauté

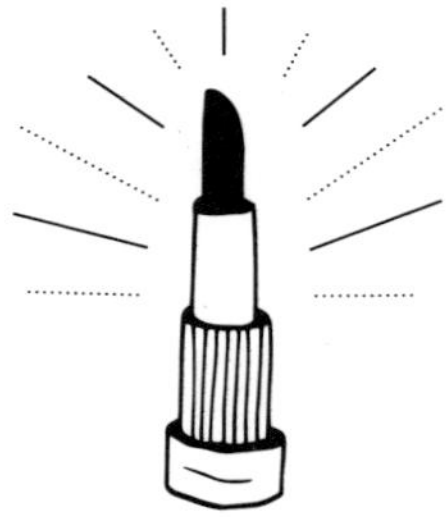

Comme tout être vivant, je suis une œuvre.
Une célébration de la beauté et de la vie.
La grâce avec laquelle je m'applique
dans chacun de mes gestes est une manière
de prendre part au monde, de m'y inscrire.
Je suis un être parfait. Comme toi.
Comme nous tous.

**La vie est parfaite,
et je me félicite chaque jour
d'en faire partie.**

Je suis
un être
PARFAIT.

Le GRAND pouvoir du TOUCHER

Mes coussinets, sous mes pattes,
sont si sensibles que j'autorise
rarement qu'on y touche.
Ils sont mon contact intime avec le monde,
avec la fraîcheur du gazon,
la rugosité du bitume et la douceur exquise
des étoffes, dans lesquelles je prends
un si grand plaisir à m'enrouler.

EXPÉRIENCE KINESTHÉSIQUE

Comme le chat, je redécouvre la finesse des sensations qui passent par le toucher.

Pieds nus, je marche sur la pelouse, attentif à l'énergie que me communique directement la terre.

Je caresse du bout des doigts différentes étoffes et je m'imprègne de l'impression qu'elles me laissent, des émotions qui me sont communiquées.

Je masse quelqu'un, ou bien je me masse, attentif au contact de la peau contre la peau. Je peux sentir les plus petits détails de chaque partie de mon corps.

Je me redécouvre.

LE PARFUM de la vie

Ma perception de toute chose
passe par les sensations olfactives.
Pour connaître un objet, une plante, une
personne, j'ai besoin de savoir son odeur.
Ma vie entière est nimbée de ce parfum,
composé de tout ce qui m'entoure.

ET TOI, À QUOI RESSEMBLE LE PARFUM DE TA VIE ?

heureux

Traverser la vie en DANSANT

Je gomme la raideur.
J'assouplis chacun de mes pas.
Je me grandis, je redresse la tête
Je marche sur la pointe des pieds,
comme un danseur étoile.
J'arrondis mes mouvements.
Courbe souple et tranquille,
je fais corps avec le vent,
le froid que j'accueille,
la pluie que je laisse glisser sur moi,
la chaleur qui m'enveloppe.
C'est ma danse.

Ma source d'inspiration

Je colle une photo de mon chat ou, si je ne vis pas avec un chat, je cherche une image de ce à quoi il pourrait ressembler.

INSTANT *bien-être*

On me dit très pointilleux
sur les questions d'hygiène.
C'est vrai, mais cela ne suffit pas
à expliquer les heures passées à lustrer ma
fourrure, à aiguiser mes griffes ou
à passer ma patte derrière l'oreille.
En vérité, j'aime faire ma toilette.

Prendre soin de moi est un délice,
et je mets un point d'honneur
à allier l'utile et l'agréable.
Le temps passé à se chérir
n'est jamais perdu.

JE N'AI QUE QUELQUES MINUTES…

Je peux m'octroyer simplement un moment de calme : aller me laver les mains, me rafraîchir le visage, masser ma nuque, une épaule, la paume de mes mains…

JE DISPOSE DE 30 MINUTES…

Je me fais couler un bain tiède que j'agrémente de quelques gouttes d'huile essentielle ou bien de sel marin. Ce temps m'appartient entièrement, et je me laisse gagner par le plaisir de l'eau.

J'AI 2 HEURES DEVANT MOI…

Je m'offre une séance de hammam et un gommage de tout le corps au gant de crin. Je goûte la joie du renouveau et le plaisir de se sentir neuf.

AU QUOTIDIEN…

Je m'offre consciencieusement, chaque jour, quelques minutes ici et là : je prends le temps d'hydrater parfaitement ma peau. J'utilise un brumisateur pour me rafraîchir. Je m'allonge quelques minutes après le déjeuner. Je bois beaucoup d'eau… ces petits rituels, au fil des jours, modifient doucement mon rapport au corps.

Je prends conscience de l'importance de prendre soin de moi.

Écoute le MONDE

Je parais impassible,
et pourtant je suis entièrement tourné
vers le monde, mes sens en éveil permanent :
mes oreilles, d'ailleurs, me trahissent
parfois, qui font comme des antennes, captant
le moindre mouvement autour de moi.

L'immobilité ne te renferme pas en toi-même,
au contraire. Elle te rend plus sensible.
Ferme simplement les yeux,
pour mieux comprendre ce que
je veux t'expliquer.

Allonge-toi et écoute, simplement.
Écoute toutes ces nuances dans la texture de
l'air, le bruissement presque inaudible du vent
dans les arbres, au loin la minuscule
présence d'une mouche…

**Parfois, prends le temps d'écouter
vraiment le monde. Il a tant à te dire.**

LE PRÉSENT
est mon temps

Je ne connais pas le passé.
Je l'ai oublié.
Je ne me soucie pas de l'avenir.
Je ne sais pas qu'il existe.
Il ne m'intéresse pas.
Je ne connais que le moment présent.
Chaque geste, chaque clignement de paupière
n'existe et n'a de sens que dans l'ici et maintenant.
Je suis pleinement à moi-même.
À chaque respiration.

Bulles de moment PRÉSENT

Dès que les pensées m'envahissent,
je fixe un point devant moi et je le laisse
me ramener au temps présent.
Chaque fois que mon esprit s'emballe,
je m'offre quelques minutes de pause et
je prends le temps d'observer en moi le retour du calme.

Je prends de profondes respirations, les yeux fermés.
Je pense à quelque chose que j'aime et qui me rend
heureux. Je souris. À rien. À la vie. À TOUT.

Je bouge. Une demi-heure de marche. Un peu de sport.
Des étirements. Chaque fois que mon corps redevient le
centre de mon attention, je me précipite dans le présent.

Je marque un temps d'arrêt et je prends du recul
sur ce qu'il se passe. Je me mets en retrait et
j'observe silencieusement ce qui bouillonne en moi.

Je suis présent à mon frémissement intérieur.

JE COMPLÈTE AVEC MES PROPRES IDÉES POUR REVENIR AU MOMENT PRÉSENT.

Je suis à l'écoute
des opportunités qui se
présentent à moi.
Car toute chose a
son moment.

À la recherche DU MOMENT *propice...*

Je sais me tenir en retrait.
Je reste dans l'observation aussi
longtemps qu'il le faut.
J'ai même appris à me faire oublier,
à me rendre invisible aux regards.
J'attends l'instant.
Mieux que personne,
je sais me tenir prêt pour le moment propice,
la seconde précise dans laquelle il faut agir.
Parce que je danse avec le monde,
en harmonie totale avec ce qui m'entoure,
je suis le champion des opportunités.

Éloge de l'obstination

Si j'éprouve un besoin,
je peux le réclamer mille fois.
Si je désire qu'on m'adopte, je peux rester
des jours entiers devant une porte.
Je peux me répéter à l'infini,
jusqu'à ce qu'on m'entende.
Je ne désespère jamais ni ne renonce,
et c'est là l'essentiel de ma force.

Rien ne presse

Je ne suis lent ni par essence,
ni par paresse, ni par caprice.
Je m'autorise la lenteur.
Le ralenti.

Rien ne presse,
la vie n'a pas besoin de mon agitation.
Il n'y a pas d'urgence.
La seule urgence, c'est d'être là,
maintenant, totalement.

Je respire.

Je REMPLIS *l'espace de mon* SILENCE

Le silence n'est pas vide.
Écoute comme mon silence remplit la maison.
Observe la densité de mon silence…
la présence qui en émane…
Ne crains pas de disparaître dans le silence,
car c'est tout le contraire qui arrive :
il est même ce qui te permet de t'entendre toi-même,
d'apparaître à toi-même.

Aujourd'hui,
j'économise mes mots,
mes gestes. Je me tiens immobile
et j'écoute ma musique
intérieure, celle qu'on
ne peut entendre que
dans le silence le
plus complet. Je guette
l'intensité en moi.
C'est ma manière
de méditer...

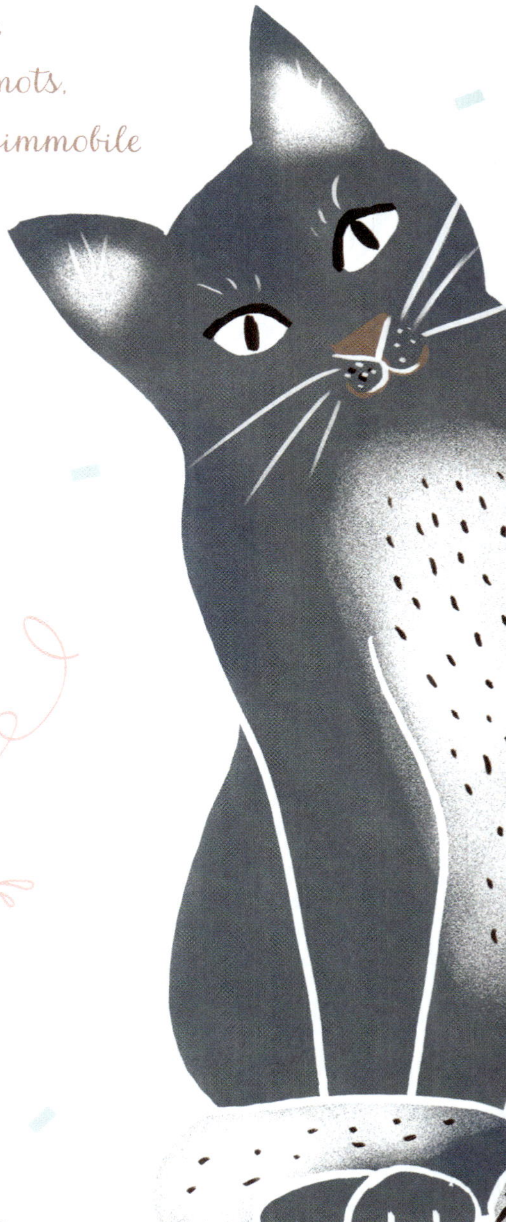

RIEN

ne m'échappe...

J'observe chaque chose
avec une attention intense.
Qui peut dire quelles pensées me traversent ?
Je suis chat, rien ne m'échappe…

Parce que je prends le temps de regarder,
je vois parfois au-delà de ce qui semble être.
Je peux toucher la vérité des choses.

Je photographie tout ce qui,
dans ma journée, est digne d'attention,
d'intérêt, d'émerveillement, d'amour...
et je colle ici mon butin.

Une journée

EN PLEINE CONSCIENCE

**AUJOURD'HUI, COMME LE CHAT,
JE TROUVE MON ÉQUILIBRE DANS LE MOMENT PRÉSENT.**

- Je savoure le moment du réveil. Je ne me précipite pas hors du lit, je m'offre quelques minutes pour prendre conscience de mon corps, le déployer tranquillement. L'écouter.

- Même si je n'ai que quelques minutes pour prendre mon café, je me concentre sur ses arômes, la chaleur bienfaisante du liquide qui me permet d'entrer en douceur dans cette nouvelle journée.

- Sur le chemin du travail, je me réjouis de ce moment qui n'appartient qu'à moi. Je l'emploie à quelque chose que j'aime : observer ce qu'il se passe autour de moi, lire, écouter de la musique, explorer le silence...

- J'essaie d'être pleinement à ce que je fais... quitte à faire moins. Lorsque je remarque que mon esprit se disperse, je le rassemble avec tendresse, sans jugement.

· Je mange au calme. Même si je ne dispose que d'un très court moment, je me l'accorde pleinement. J'écoute la joie en moi. Le plaisir simple et essentiel de nourrir mon corps, de lui donner de l'énergie.

· Je suis attentif lorsqu'on me sollicite. J'écoute. Je suis pleinement avec mon interlocuteur. Je coupe les sources de distraction que sont le téléphone, la messagerie, les réseaux sociaux.

· Je m'octroie un moment pour moi, pour faire ce que j'aime : prendre soin de mon corps ou bien de mon esprit. Et ce temps que je m'accorde, je le vis pleinement.

JE SUIS ENTIÈREMENT DANS CE QUE JE FAIS.

Je suis

LE ROI

de mon propre

ROYAUME.

Comme le CHAT je suis EXIGEANT …

Je préfère bouder ma litière
si elle n'est pas propre.
Je préfère refuser une caresse
si ce n'est pas le bon moment pour moi.
Je préfère me cacher, même si l'on m'appelle.

Je suis ma priorité.
Qui peut savoir précisément ce dont j'ai besoin,
si ce n'est pas moi ?
Qui peut m'accorder sa pleine attention,
si ce n'est pas moi ?

Toi aussi, tu peux choisir de faire de toi ta priorité.
Non par égoïsme, mais parce que toi seul
sais ce qui est bon pour toi.
Maintenant.

Mon rythme

J'ai mon propre rythme :
celui qui m'est propre et qui me convient.
Il est unique, peut-être est-ce pour cela
qu'il m'est si précieux et que je l'écoute.
Je me plie à sa loi, sans jamais
me soucier de la norme.

Quelques mots pour définir mon rythme

Ce qui est important pour moi :

___

En quoi est-il unique :

___

5 choses à faire pour respecter mon rythme :

1. ___
2. ___
3. ___
4. ___
5. ___

La patience

Personne au monde n'est plus patient que moi.
Je peux me tenir immobile des heures durant.
Je sais que mon tour viendra,
car j'éprouve une confiance
sans limite dans le rythme du monde.
Et mon tour vient toujours.
Le temps de l'action arrive.
Mais pas encore.
Pas tout de suite.

Moi, chat,
j'attends paisiblement mon heure.

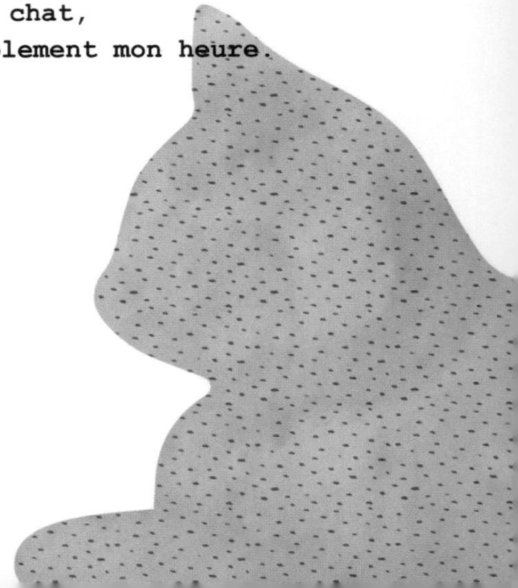

MON TOUR VIENDRA

*Je note ici les choses que j'espère dans ma vie
et pour lesquelles je dois me montrer patient,
sans oublier jamais que mon moment,
lui aussi, arrivera…*

1. ______________________________

2. ______________________________

3. ______________________________

4. ______________________________

5. ______________________________

Ma pleine ATTENTION

Savez-vous pourquoi les humains
aiment tant me parler ?
Savent-ils si je les comprends ?
S'en soucient-ils, d'ailleurs ?
Je vais vous dire mon secret…
Si vous venez à me confier quelque chose,
je vais plonger mes grands yeux dans les
vôtres. Je ne vais pas ciller.
Vous ne verrez pas un mouvement de
ma queue, ni de ma moustache.
Vous saurez alors que je suis avec vous.
Je ne vous donnerai pas mon avis,
vous n'en avez nul besoin.
Vous avez seulement besoin d'espace,
et c'est de cet espace, en vous accordant toute
mon attention, dont je vous fais cadeau.
Je sais, tout simplement, écouter.

Je développe
L'« ÉCOUTE CHAT »

Lorsqu'on me parle,
je montre par mes gestes que je prends
une pause pour l'autre.
Je m'arrête pour lui accorder
de la place et du temps.
J'économise mes gestes.
Je focalise toute mon attention
sur mon interlocuteur.
Je ne parle pas. Je ne conseille pas,
ni ne donne mon avis.
Toute mon écoute se loge dans le silence
que j'offre à mon interlocuteur.
Je regarde celui qui me parle.
Je plonge dans ses yeux
et je reste neutre.

CHAT - MOTS

Quels mots définissent la source
d'inspiration qu'est pour moi le chat ?

déterminé

gracieux

doux
charmant

JE RESTE
moi-même

Je suis moi,
et cela suffit entièrement.
Je n'ai besoin ni de me définir
ni de me rendre utile.
Je n'ai pas besoin qu'on me complimente,
ni d'être le premier.
Je suis, tout simplement.

Je fais partie du monde.
Je n'ai besoin de rien de plus
pour justifier ma place,
il me suffit d'exister.
Que je sois beau, grand, minuscule
ou maladroit n'a aucune importance.
Je n'ai rien à justifier ou à expliquer.

Je suis. J'ai ma place.

Il y a une chose que je réussis mieux que toute autre. Un art dans lequel j'excelle :

Ne rien faire !

J'aime me tenir assis et regarder
droit devant moi, les yeux perdus dans
un ailleurs dont je ne connais pas le nom.
Je peux rester des heures ainsi, immobile.
Presque tous les êtres vivants savent faire cela :
les fleurs, les arbres et la plupart des animaux.
L'homme, malheureusement, l'a souvent oublié.
Il ne sait pas à quel point le monde est grand
lorsqu'on s'accorde le droit, parfois,
de ne rien faire.

IDÉES pour apprendre à ne RIEN FAIRE

... pendant 5 minutes

Dans le bus, je me retiens d'ouvrir mon livre ou d'allumer mon téléphone. Je me tiens simplement assis, dans une position aussi confortable que possible, et je laisse aller mon esprit.

... pendant 15 minutes

Je profite de ma pause déjeuner pour m'installer sur un banc, au calme. Je choisis un lieu où je me sens bien. En sécurité, à l'aise. Libre. Et je laisse la jolie vue qui s'étale sous mes yeux me remplir, comme l'eau qui se déverse, sereine, dans un vase.

... pendant 1 heure

Je choisis un moment de tranquillité où je suis seul, par exemple durant le week-end, le temps de la sieste. Mais je reste éveillé. Les yeux mi-clos, j'autorise le temps à s'écouler calmement, à son rythme : il s'étire, se contracte, s'allonge.

Je me laisse bercer par les méandres du temps.

La saveur de L'ENNUI

Parce que je sais que rien
n'est jamais pour toujours.
J'accepte le sentiment de lassitude,
ce moment d'inconfort où je constate que
ce qui m'est proposé ne fait plus vibrer
en moi la flamme de l'enthousiasme.
La lassitude et l'ennui ne sont que des signes.
Ils sont l'automne de la créativité.
Ce moment où il faut accepter la fin
de quelque chose pour permettre la germination
de la nouveauté, du renouveau.

J'accepte pleinement l'ennui.

Ici, je gribouille paresseusement,
sans but, simplement pour laisser
toute sa place à l'ennui…

Nul besoin
DE COURIR

Je n'ai pas besoin de travailler,
de gagner de l'argent, de courir,
d'être le meilleur ou le premier.
Je me contente d'être moi, d'être un chat.
Je n'ai pas besoin de m'illustrer,
de briller. Personne ne me le demande.
Personne ne le demande jamais.
C'est peut-être toi, en revanche,
qui l'exiges de toi-même.
Parfois, trop souvent,
on se le demande à soi-même,
mais n'oublie pas que ce n'est pas nécessaire.
Être rempli de la vie qui coule en moi,
c'est assez. Je suis assez.
Et toi aussi, tu es assez.

JE
suis
ASSEZ.

Je vis dans un monde de courbes et d'arabesques.
Mon univers n'est que rondeurs.

L'harmonie est mon TOUT

DONNER,
c'est
RECEVOIR

Depuis que je suis tout petit,
je suis un expert masseur.
On dit souvent que je « patoune »
ou que « je fais du pain » lorsque je prodigue
un massage de mes pattes expertes.
Souvent, ce geste me fait ronronner.
Parce que je suis aussi heureux
de donner que de recevoir.
Parce que c'est la même chose.
Donner, recevoir.
Deux facettes du partage…

J'écris ici les moments où
j'ai ressenti cet échange, où donner,
c'était également recevoir...

" Les chats savent très bien
qui les aime et qui ne les aime pas,
mais s'en soucient trop peu pour y remédier. "

Winifred Carriere

Suis ton coeur

Tu sais, tu peux suivre ton cœur.
Je n'ai pas vraiment besoin d'être
aimé de toi pour t'aimer.
Il me suffit de suivre mon cœur.
J'aime sans attendre quoi que ce soit
et j'oserai toujours te le dire,
si je t'aime. Même si tu n'as pas le temps.
Même si tu oublies de faire attention à moi.
Toi aussi, aime.
C'est la seule chose qui a de l'importance…

Je vais vers CE QUI ME FAIT PLAISIR

Pour moi, la vie est simple :
je fais toujours le choix de ce qui me fait plaisir.
Et toi, qu'est-ce qui te ferait plaisir ?
Vers quoi ton cœur te porte, là, tout de suite ?
Pourquoi tu ne le fais pas immédiatement ?
Et si c'était simplement ça, le secret d'une vie épanouie, se diriger vers ce à quoi notre être aspire ?
Simplement, sans craindre de mal faire…

Va là où ton cœur te porte !

JE N'ATTENDS PAS UNE SECONDE DE PLUS ET J'ÉCRIS TOUT CE QUI ME FERAIT PLAISIR, LÀ, MAINTENANT. DANS L'INSTANT.

Je remplis la page de tout ce à quoi j'aspire, jusqu'à ce que les mots soient si serrés qu'il ne reste plus la plus petite place sur la page.

N'aie pas PEUR de combattre

La vie est un combat ?
Peut-être, mais qui m'oblige à
le rendre lourd, triste et pesant ?
Je sais trouver la joie, le jeu dans la bataille.
C'est ma manière d'embrasser la vie
avec tout ce qu'elle m'offre,
d'accepter ce qui m'est proposé.
Qu'importe de perdre ou de gagner
si le combat en lui-même est
un jeu qu'on est heureux de jouer ?

Toujours retomber sur ses PATTES

C'est de notoriété publique !
Moi, chat, je retombe toujours sur mes pattes.
Mais toi aussi, tu retombes sur tes pattes…
Seulement, tu ne le sais pas toujours.
Tu peux être souple avec ce qui arrive dans ta vie.
N'aie pas peur de ce qui peut surgir :
à la fin, tout reprend sa place.

**Aie confiance en toi,
toi aussi tu retomberas
toujours sur tes pattes.**

Apprendre à S'ABANDONNER

Comme le chat qui paresse
sur une pierre chauffée
par un soleil d'été,
je m'abandonne.

LES 10 MOMENTS OÙ JE PEUX M'ABANDONNER…

1 ....
2 ....
3 ....
4 ....
5 ....
6 ....
7 ....
8 ....
9 ....
10 ....

Ronronthérapie

Avez-vous remarqué comme cela vous fait
du bien lorsque je me pelotonne sur vos genoux
et que je m'adonne à l'une de mes activités favorites :
ronronner ? Certains scientifiques ont même prouvé que
mes ronrons avaient un pouvoir apaisant sur l'être
humain, voire celui de faire diminuer la tension
et, tout simplement, de provoquer le bien-être.
Je sais transmettre et communiquer
mon bien-être, c'est aussi simple que cela !
Mais vous aussi, vous savez faire cela…

**N'avez-vous pas remarqué que,
lorsque vous êtes de bonne humeur,
vous diffusez vos bonnes ondes
autour de vous ?**

Aujourd'hui,
je prends le temps d'observer
l'impact de ma manière d'être sur ceux
qui m'entourent : que se passe-t-il ?
Comment les autres réagissent-ils
à l'état d'esprit dans lequel je suis ?
Moi aussi, je trouve ce "ronronnement"
qui fait du bien à ceux qui sont
en contact avec moi.

" À fréquenter les chats,
on ne risque que de s'enrichir. "

Colette

414
CHAT SAUVAGE
POINTS

Nos rituels

Je suis un animal d'habitudes.
Ma journée entière est rythmée par une série
de rituels auxquels je ne déroge jamais :
cette petite danse qui vient accueillir ma pâtée
(que j'exige de recevoir chaque jour à la même heure),
cette longue sieste, quand la maison est vide,
dans un endroit que je sais interdit,
le moment plein de joie où j'entends tes pas
dans la cour et que je me précipite devant la porte…
Je crois que je t'aide à trouver, toi aussi,
ton propre rythme. Ensemble, nous sommes une danse :
nos gestes, cent fois répétés, racontent une
harmonie parfaite. Notre temps s'accorde.
Nos habitudes sont une joie sans cesse renouvelée.
Elles nous aident à trouver nos marques,
à développer de la sérénité au sein de la maison.

AUJOURD'HUI, JE CÉLÈBRE LA ROUTINE EN LISTANT LES HABITUDES QUE JE PARTAGE AVEC QUELQU'UN ET QUI ME FONT ME SENTIR HEUREUX.

Ma pleine ATTENTION

Ceux qui ne me connaissent
pas me croient parfois imprévisible,
capable de changer d'humeur en une fraction de seconde.
Un instant, je réclame caresses et attentions,
et celui d'après, je m'évade.
Et si c'était ma manière de t'apprendre à observer ?
À être entièrement avec moi,
totalement à ce que tu fais.
Lorsque je fais quelque chose avec toi,
je t'accorde ma pleine attention.
Plus rien n'existe en dehors de ce que nous partageons,
et c'est peut-être ce que j'ai envie
de t'aider à apprendre…

Lorsque je passe du temps avec quelqu'un,
je m'efforce de lui accorder
ma pleine attention.

Je suis LIBRE

Nul ne peut me contraindre
à aller là où je ne désire pas aller.
À faire ce que je ne désire pas faire.
À manger ce que je ne désire pas manger.
Je suis libre, parce que je sais que ma voix
intérieure est le meilleur des guides,
alors c'est à elle que je me fie d'abord.
Mon murmure intérieur est mon chemin.

Personne, mieux que moi,
ne sait ce qui est bon pour moi,
maintenant.

Je ne sais ni mentir, ni faire des
efforts, ni arranger mon monde.
Mais je sais demander, attendre,
me faire entendre, m'adapter.

Ma page de liberté

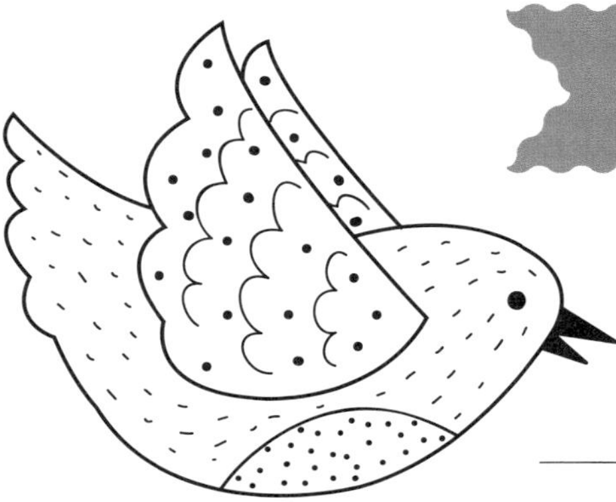

J'écris, je colorie, je dessine ici tout ce que je dirais ou ferais si je m'autorisais une entière liberté.

Le MAÎTRE de la PLEINE conscience

Moi, chat, je bois lorsque j'ai soif.
Je dors, je joue, je me love, je m'échappe…
Chaque chose que je fais, je le fais pleinement.
Et je ne fais qu'une seule chose à la fois,
afin de m'y consacrer entièrement.
Il n'existe aucune place pour autre chose
que ce à quoi je m'emploie maintenant.
Ma conscience est si pleine du moment présent
que je peux passer du sommeil le plus profond
à l'état de jeu le plus vif en un battement de cils.

Simplement parce que je suis là,
présent, totalement.

JE M'INSPIRE DU CHAT POUR VIVRE PLEINEMENT LE MOMENT PRÉSENT

Je ne fais qu'une chose à la fois.
Je respire profondément et calmement.
Je porte toute mon attention à ce
que je suis en train de faire.
J'écoute ce à quoi j'aspire maintenant.
Je m'octroie le temps nécessaire.

Langage CORPOREL

Je n'ai nul besoin de parler
pour me faire comprendre.
L'inflexion de ma tête dit déjà tant de choses.
Pour faire entendre ma voix,
je cajole, je frôle, je feins l'indifférence…
La manière dont je me déplace est un langage
à part entière : observez la position de
mes oreilles, le frémissement dans mes
moustaches, les battements de ma queue.

Le corps a son langage…
Connaissez-vous le vôtre ?

QUE RACONTE MON CORPS ?

Je suis attentif à ce que dit mon corps,
quand je suis fatigué, heureux,
impatient, fébrile…
Et je porte mon attention sur l'autre.
J'apprends à décrypter chaque geste,
à interpréter la cartographie mouvante du corps.
Je suis dans l'observation.

Je prends ma place.
Je n'attends pas
qu'on me la donne.
Je m'impose en douceur.
En silence.
Je ne doute pas
de mon importance.
Jamais.

Ici, je colle une photo de moi parmi la foule.
Ma place.

J'APPRENDS
à demander

Moi, chat,
je n'attends pas qu'on me propose.
Je n'attends pas qu'on me cède la place,
ni qu'on me donne du temps,
de la nourriture, des caresses…
Je suis chat. Je demande.
Chaque chose que je désire, je la prends.
Je sais manifester mes besoins,
exprimer mes préférences, exiger de l'aide
ou bien de l'attention.
Pas un instant, je ne doute de l'importance
qu'il y a à écouter mes besoins.
Je suis ce qu'il y a de plus important pour moi.
Je n'ai pas peur de demander.

Mes 5 phrases préférées pour communiquer mes besoins, mes attentes, mes souhaits.

1

2

3

4

5

Je n'oublie plus jamais de me prendre en compte.

SUR la pointe DES PATTES

Je marche à pas feutrés,
comme si le monde était fragile.
Mon empreinte légère est à peine visible,
c'est ma manière de prendre soin de ce qui est.

Le calme

Parce que je sais trouver en moi le calme,
j'inspire le calme à ceux qui m'entourent.
Mieux : je le crée.
Le calme est fait de silence et de gestes fluides.
Il se niche dans la lenteur de mes gestes,
dans un bâillement ou même
au détour d'un soupir.

Je me sens en équilibre
à l'intérieur de moi,
tranquille…

10 IDÉES POUR FAIRE ENTRER LE CALME EN MOI.

Je ralentis.
Je marche plus doucement, je prends mon temps.

Je me donne 5 minutes supplémentaires :
pour déjeuner, lire, respirer ...

Je respire profondément, en conscience.

Je donne de la rondeur à mes gestes,
je détends mes muscles.

Je ferme les yeux et j'écoute la vie, autour de moi.

Je souris. Pour rien, pour la vie, le plaisir de l'instant.

Je m'entoure de tendresse : un plaid
moelleux, une musique douce ...

Je m'essaie à la méditation, ne serait-ce
que pour quelques minutes.

Je prends quelqu'un que j'aime dans mes bras, longuement.

Je m'assoupis dans un rayon de soleil.

Attitudes de CHAT

Le chat trouve son ancrage dans plusieurs positions : assis, allongé bien en rond ou tout simplement replié sur ses quatre pattes, en position d'observation. Il peut ainsi demeurer plusieurs heures sans bouger, dans une posture de totale relaxation.

Je m'inspire des attitudes du chat pour trouver l'harmonie dans mon corps et découvrir les positions dans lesquelles mon corps est ancré.

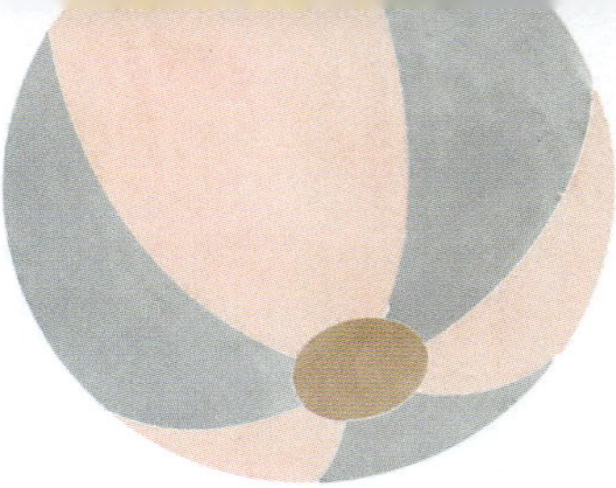

L'IMMÉDIATETÉ

Moi, je ne connais que la vie.
Je ne connais que ce qui existe maintenant.
Crois-tu que t'inquiéter de ta vie
la rendra plus longue ? Plus belle ?
Plus attrayante ?

Ta seule urgence,
c'est d'être vivant maintenant.
Le propre de l'avenir,
c'est qu'il n'existe pas.

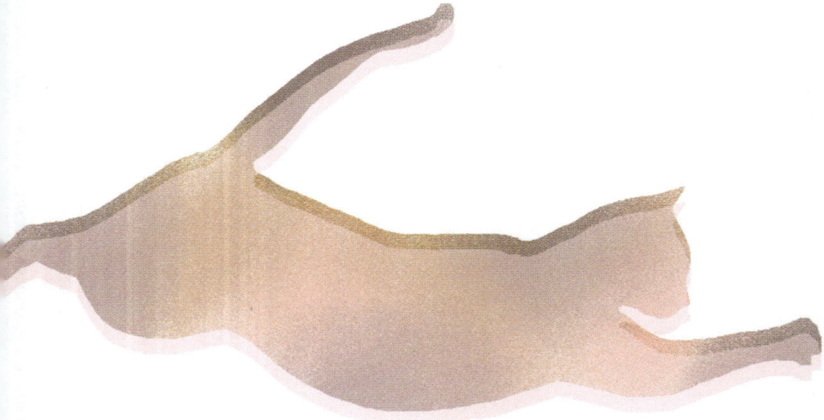

JE FABRIQUE L'ANCRE QUI ME RAMÈNE AU TEMPS PRÉSENT.

C'est lorsque
j'embrasse ma VULNÉRABILITÉ
que je deviens
plus FORT.

En toute CONFIANCE

Parfois, je m'allonge sur le dos, confiant.
Mon ventre à la merci des caresses.
À la merci de tout.

J'accepte ma vulnérabilité,
moi qui vis entouré de géants plus forts
et plus nombreux que moi,
ces géants qui me nourrissent,
me cajolent, et quelquefois me grondent.

Merci
avec les yeux

On me dit ingrat,
et pourtant je suis prompt à manifester
ma reconnaissance à qui a pris
le temps d'apprendre mon langage.
Je suis un chat, je dis merci avec les yeux,
comme tant d'autres qui ne savent pas
exprimer leur joie, leurs transports,
leur gratitude autrement que par des gestes muets,
si discrets qu'ils exigent l'attention la plus vive.

La gratitude et l'amour se nichent
souvent dans les plus petits gestes.
Un plaid dont on me couvre
pour que je n'aie pas froid.
Lorsqu'on dépose sur la table,
sans rien dire, mon plat préféré.
Lorsqu'on m'écoute.

QUELLES SONT LES PETITES MARQUES DE GRATITUDE
QUE JE NE VOIS PAS TOUJOURS ?

Le petit MÉDITANT

Je vis sans bruit. Comme si je vivais chaque
seconde dans une écoute aiguë du monde. Je
me nourris de silence et de calme.
Ils me permettent d'être plus présent aux
autres, à ce qui m'entoure, à moi-même.
Le silence est ami.

Je coupe le son.
Je fais taire ma voix.
Je calme mon monologue intérieur.
J'observe, simplement, ce qu'il se passe en moi.
Et, sans même en avoir conscience, tout naturellement…

… j'entre dans ce que toi, humain,
tu appelles « méditation ».

ICI, JE RACONTE MON EXPÉRIENCE DU SILENCE.

LE ROI *paisible*

QUI MIEUX QUE LE CHAT SAIT RENDRE HOMMAGE AU CALME ?

Ici, je colle une image de ce que représente pour moi le calme.

J'OSE refuser

Je ne suis pas toujours disponible.
Lorsqu'on me sollicite, je n'ai pas toujours envie.
Ce n'est pas que ce qu'on me propose
ne me plaît pas, c'est seulement que ce
n'est pas ce dont j'ai envie maintenant.
Alors, simplement, je décline.
Rien ne saurait me persuader de faire
ce qui n'est pas dans « mon temps »,
simplement parce que je sais
que ce n'est pas bon pour moi.
Si je suis disponible plus tard,
si l'autre est disponible, alors, oui,
nous ferons ce qui est proposé.
C'est ce qu'on appelle l'harmonie,
et elle exige parfois le refus,
pour naître totalement quand
le moment arrive.

Je dis
NON.

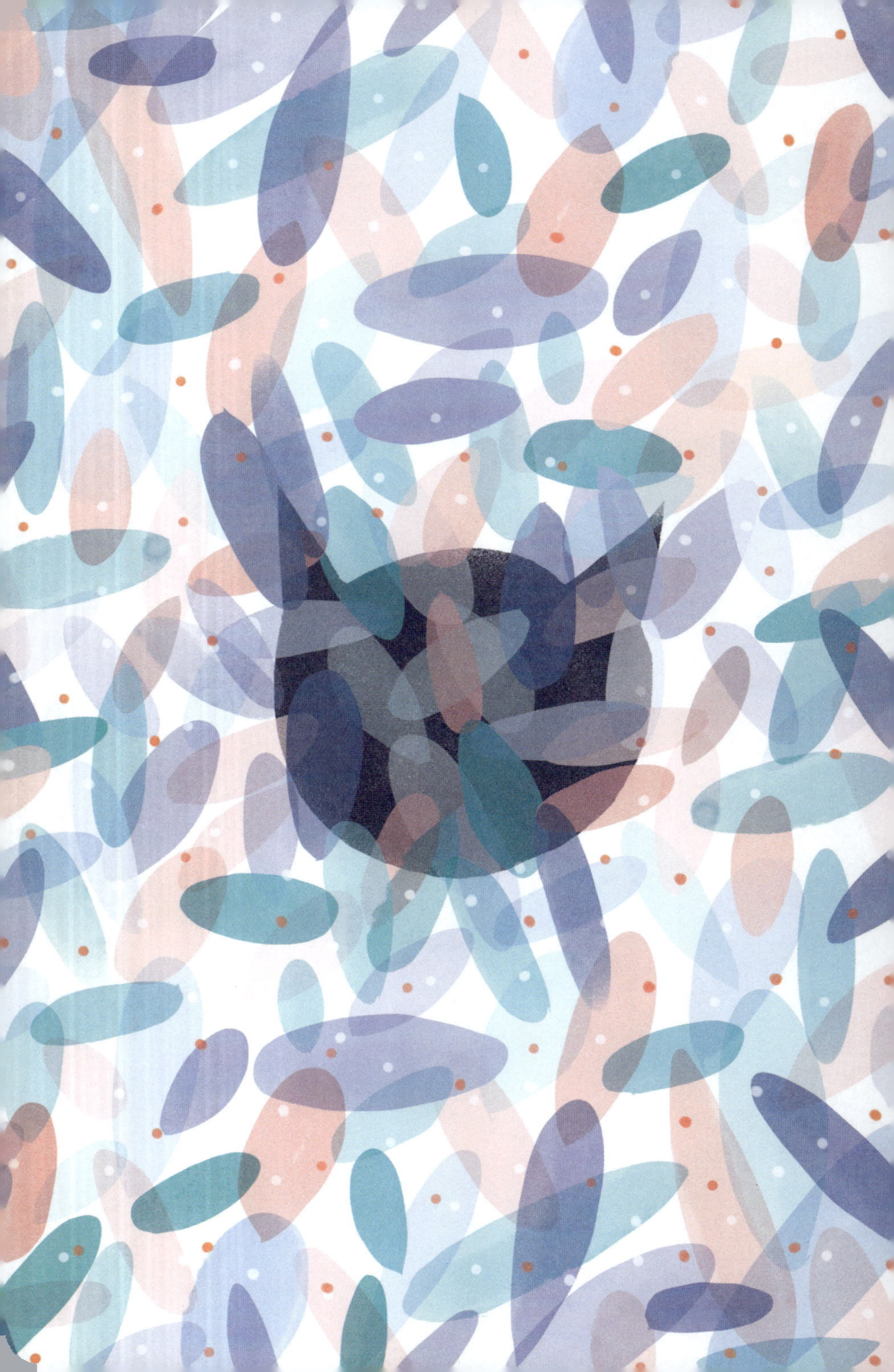

Je cherche mon ÉQUILIBRE dans L'IMMOBILITÉ

Je m'installe confortablement
et je me laisse aller à l'immobilité
la plus complète.

Pas un cil ne bouge.
Seule ma poitrine, qui se soulève et
s'affaisse lentement, témoigne de la vie en moi.
Comme statufié, j'entre dans un autre temps.
Le temps de l'infini, du maintenant.

Sans même m'en rendre compte,
je viens d'entrer en méditation.

L'ÉQUILIBRE *parfait*

Je suis un véritable équilibriste,
capable de longer une gouttière et de danser
sur le rebord d'une fenêtre.
Je n'ai pas peur de tomber.
Voulez-vous connaître mon secret ?
Tout cela n'est que le résultat
de mon équilibre intérieur.
Parce que je suis parfaitement aligné,
l'équilibre devient évidence.

JE TRACE UNE LIGNE VERTICALE

Mon équilibre : lorsque je suis aligné avec moi-même.
J'observe cette ligne en conscience et je prends le temps
de sentir, en moi, ce que cet équilibre provoque.
Comment je me sens quand je suis aligné ?

MES EMPREINTES

dans la neige…

…dessinent une œuvre spontanée.
Irréfléchie.
Mon art est intuitif.
Majestueux ou drôle.
Je n'attends rien d'autre
de lui que le plaisir de faire
jaillir quelque chose de nouveau.

ICI, JE DESSINE CE QUI ME PASSE PAR LA TÊTE,
SANS RÉFLÉCHIR.

*Je ne maîtrise pas mon trait, je me laisse aller.
Formes, traits, couleurs, points, hachures, courbes,
arabesques... comment s'exprimera ma voix ?*

Les 10 COMMANDEMENTS *félins*

1. Je trouve la joie dans le calme et l'immobilité, aussi bien que dans la frénésie et le jeu effréné. Chaque chose a son moment.

2. Je sais que je suis parfait tel que je suis, tels que le sont tous les êtres vivants : des créatures pleines de vie et belles par nature.

3. Je suis, à moi tout seul, une célébration du sommeil. Dormir me réconforte, me régénère. Et même : me renouvelle.

4. Je suis un animal social. J'ai besoin de l'autre. Mais j'ai aussi besoin de mon espace, et je m'accorde le droit à la solitude et à la retraite.

5. Je ne perds jamais de vue ce qui est important pour moi, maintenant. Je suis ma priorité. Comme chacun est sa priorité.

6. J'ai le sens de la mesure. Je cesse de manger à la seconde où je suis rassasié. Je n'ai pas peur de changer d'envie et d'humeur chaque fois que mon instinct me le commande.

7. Je privilégie le plaisir d'être plutôt que de faire.

8. Je soigne mon corps, ma fourrure. J'ai conscience que prendre soin de moi contribue à mon équilibre et à mon bien-être.

9. Je suis tranquille. Et par ma tranquillité, par mon calme, tout ce qui vit autour de moi s'apaise dans un même mouvement. C'est ma manière de contribuer au monde.

10. Je ne connais pas le passé. Je ne sais pas que l'avenir est un possible. Je ne vis que dans le temps présent. Et dans l'ici. Et dans le maintenant.

Vous voici à présent détenteur des grandes clés de la sagesse féline. Qu'elle vous accompagne et vous éclaire, vous instruise, vous questionne et vous guide dans les petits aussi bien que dans les grands événements de votre vie. Et surtout, n'oubliez pas de prendre le temps de les observer : les chats ont toujours tant de choses à nous apprendre !

Remerciements

Lorsque je lui ai chuchoté que j'allais écrire un livre sur ceux de son espèce, Malo a tendu une oreille distraite. Pour tout dire, il a paru trouver l'idée saugrenue. Mais non, je me trompais : il s'est montré on ne peut plus coopératif ; se laissant observer, scruter… acceptant de moi que je livre un à un les secrets qu'il a bien voulu me confier. Il est mon petit professeur de bien-être, et sa seule présence est une source de joie intarissable.

Ainsi, avant toute chose, je te remercie, toi Malo, mon adorable chat, coauteur griffu de cet ouvrage.

Merci aussi à toi, David, ma force tranquille, pour le regard plein d'amour que tu poses sur chacune des choses importantes à mes yeux, et dont ce livre fait partie.

Un très grand merci également à Suyapa, à Maëlle et à Marion, éditrices plus patientes que des anges, bienveillantes, attentives et impliquées. On ne peut rêver meilleures conditions que celles-ci pour écrire des livres. Merci pour votre confiance. Et merci à Marie Bretin, dont le talent illumine chaque page de ce carnet.

Merci enfin à vous pour nous avoir suivis, Malo et moi, sur le chemin de la sagesse féline… Je vous souhaite une bonne route.

Malo

Direction : Jean-Louis Hocq
Direction éditoriale : Suyapa Hammje
Edition : Marion Vasseur
Design graphique et illustrations : Marie Bretin
Photographies : ©Getty, Annie Paddington, p 29
©Getty, Irina Munteanu, p 63
©Getty, By Cao Wei, p 81
©Getty, Linda Raymond Photography, p 132/133
©Getty, Cornelia Doerr, p 148
Photogravure : Axiome
Fabrication : Céline Premel-Cabic

ISBN : 978-2-263-14652-7
Code éditeur : S14652
Dépôt légal : novembre 2016
Imprimé en Italie par L.E.G.O. Spa

Solar | un département **place des éditeurs**

place
des
éditeurs